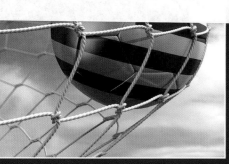

Luis Suárez

¡A la Cumbre!

2012: Compite en los Juegos Olímpicos de Londres para el Uruguay.

2011: En enero, el club Liverpool llega a un acuerdo con el Ajax para la adquisición de Suárez por 23 millones de libras.

Uruguay se corona campeón de la Copa América ese año. Luis es nombrado Jugador del Torneo.

Tras un encuentro contra el Manchester United, el 15 de octubre, es acusado de haber proferido insultos raciales contra el jugador Patrice Evra.

2010: En junio, Luis Suárez es convocado a la selección nacional de Uruguay para competir en la Copa del Mundo de Sudáfrica.

Luis Suárez evita un gol de Ghana con la mano, en el partido del 2 de julio. Se convierte en un villano internacional, héroe en Uruguay.

2009: En marzo se casa con Sofía Balbi, la novia de su niñez.

2007: En febrero debuta con la selcción de Uruguay en un juego contra Colombia.

Con apenas un año en Europa, el equipo Ajax adquiere al jugador por 7.5 millones de euros, con un contrato de cinco años.

2006: El plantel Groningen de Holanda compra a Luis Suárez por 800 mil euros. Luis se traslada a Europa.

2005: Comienza su carrera profesional en el fútbol con el Club Nacional de Football, a la edad de 14 años.

En mayo, hace su debut en el Nacional contra el equipo Junior de Barranquilla, en la Copa Libertadores.

Hace su primer gol para Libertadores, el 10 de septiembre.

1994: Se traslada con su familia a Montevideo, la capital uruguaya.

1987: Nace en Salto, Uruguay, el 24 de enero.

Ficha personal

Nombre: Luis Alberto Suárez Díaz

Apodos: Pistolero, Conejito, Depredador

Lugar de nacimiento: Salto, Uruguay

Nacionalidad: Uruguaya

Signo: Acuario

Altura: 1.81 metros

Twitter: @luis16suarez

Posición: Delantero

Camiseta en el Liverpool: 7

Récord: Un gol cada 135 minutos durante su temporada en el club Ajax.

Rendimiento: 149 goles en 264 partidos oficiales desde el inicio de su carrera profesional.

ISBN-13: 978-1-4222-2603-2 (hc) — 978-1-4222-9146-7 (ebook)

Impresión (último dígito) 9 8 7 6 5 4 3 2 1
Impreso y encuadernado en los Estados Unidos.
CPSIA Información de cumplimiento: lote S2013.
Para más información, comuníquese con Mason Crest a 1-866-627-2665.

Acerca de los Autores: Gustavo Vázquez Lozano nació en Aguascalientes, México. Es escritor y editor independiente. Ha escrito novela, cuento y ensayo. Colabora en diversos medios impresos de México y Estados Unidos. Autor de *La estrella del sur* (Ediciones SM, 2003), recientemente publicó *Todo acerca de los Beatles* (Otras Inquisiciones, 2010).

Federico Vargas Bénard nació en la ciudad de México. Es colaborador asiduo de la sección deportiva en el periódico *La Jornada de Aguascalientes*.

Créditos de las fotos: EFE / Jon Hrusa: 4; EFE / Lavandeira Jr : 14; Getty Images: 22; Library of Congress: 30; Liverpool F.C.: 24; © 2012 Photos.com, a division of Getty Images: 11; DSPA / Shutterstock.com: 17; Katatonia82 / Shutterstock.com: 20; Herbert Kratky / Shutterstock.com:

CONTENIDO

Luis Suárez (derecha) despeja el balón desde la línea con la mano durante la Copa del Mundo 2010, partido de cuartos de final entre Uruguay y Ghana, 02 de julio de 2010.

La mano de Dios

¿CUÁNTA ANGUSTIA PUEDE CABER EN UN MINUTO DE JUEGO? LA respuesta se encuentra en el choque entre Uruguay y Ghana, en el Mundial de Sudáfrica, del 2 de julio de 2010. Añádase la misma cantidad de euforia, lágrimas y gritos de júbilo al mismo minuto y tendremos el momento más dramático de la Copa del Mundo.

Y todavía hay más: seguramente no hay otra acción en la cancha que haya dividido más la opinión pública en torno a un jugador. Sólo una gran estrella del fútbol podía estar en el centro de la tormenta y salir avante. El nombre de ese jugador es Luis Suárez, delantero de la selección uruguaya. Siempre cerca de la controversia—y de las jugadas más espectaculares—, ese día Suárez nació como un villano para el mundo, pero como un héroe para Uruguay, valiente nación fútbolera de 3.5 millones de habitantes, donde seguramente no había un alma que no considerara que acababa de presenciar un acto de heroismo.

"Dios existe y es uruguayo"

Lo que estaba en juego entre Ghana y Uruguay no era poca cosa: pasar a la semifinal y quedar, por ese sólo hecho, entre los cuatro mejores del mundo. Era el minuto 120 de partido—90 minutos de tiempo reglamentario más 30 de tiempo extra—pero el encuentro seguía furiosamente empatado a uno; ninguno de los dos equipos cedía ni renunciaba al sueño de acariciar la final de la Copa. En el último minuto del partido—literalmente en los últimos sesenta segundos—, vino un poderoso centro de los africanos que derribó al portero de Uruguay. Desesperado, Suárez corrió a la línea de gol para evitar la tragedia. Primer remate: el balón pegó en su pierna. Vendría otro, un cabezazo elevado, directo a las redes; directo a terminar el sueño de los uruguayos. El portero estaba vencido y Luis en la portería.

Entonces, Suárez optó por lo impensable, una acción que el mundo reprobó de manera unánime—sobre todo el continente africano—pero que, como a un moderno Robin Hood, le ganó la aclamación de todo Uruguay. Suárez impidió el gol … ¡con la mano! La reacción del árbitro fue la esperada: conceder tiro penal a Ghana y desde luego, expulsar a Suárez de la cancha, que ante las cámaras de televisión se alejaba cubierto en lágrimas. Pero los Celestes y millones de uruguayos que contemplaban la última jugada del partido por televisión con caras largas, no contaban con que Ghana erraría el penal. Ahora las lágrimas eran de Dominic Adiyiah, el delantero africano, y la alegría era de Luis, niño terrible del fútbol, que brincaba eufórico en la banca: el sacrificio había valido la pena.

¿Héroe o villano?

El tono de los calificativos que recogió Suárez tras su actuación ante Ghana dan una idea de la magnitud de su accion. "¡Tramposo!", sentenció el director técnico de Ghana. "África fue robada", clamó un periódico de Cape Town. Otros irreproducibles inundaron los noticieros deportivos. Pero por cada uno de ellos, había una muestra de apoyo para quien, bien o mal, había puesto su misma reputación en la raya con tal de que su país pasara a la semifinal: "Uruguay te lo agradece", "Fenómeno", "¡Sos grande!". El mismo Diego Forlán habló por todos sus compañeros cuando dijo, tras el partido: "Suarez es un héroe. No hizo gol, pero evitó uno y ahora estamos en la semifinal".

El dramático episodio ante Ghana es una muestra fiel de todo lo que Luis Suárez es: entrega, pasión, fútbol de intensidad, pero también controversia y, en ocasiones, mala conducta. Muchos dicen que fue una "bala perdida" en su adolescencia, en Montevideo. En realidad, Luis fue un niño normal que, como tantas otras super estrellas del balompié, aprendió a jugar fútbol en la mejor escuela que existe: la calle.

La escuela de la calle

La historia empieza en un humilde barrio. Luis Alberto Suárez Díaz nació en la ciudad de Salto, la segunda localidad más poblada de Uruguay, el 24 de enero de 1987. Su papá se llamaba Rodolfo y también jugaba fútbol; su mamá Sandra. Vivía con su familia junto a los campamentos militares. "La casa estaba a cien metros de las canchas del cuartel, que eran el centro de reunión de todos los chicos de la zona", recuerda su hermano mayor, Paolo, que desde corta edad lo llevaba a jugar con sus amigos.

La situación económica de la familia era complicada, había que hacer muchos sacrificios. Sus padres tenían trabajos sencillos, y con siete hijos, el matrimonio Suárez Díaz experimentaba serias dificultades para salir adelante y dar a cada uno lo indispensable para vivir. Luis y Paolo encontraron su mayor alegría en el balompié. Pasaban todo el día en la calle jugando al fútbol. Luis destacaba tanto que los entrenadores pensaban que era mayor. A los cuatro años de edad corría más rápido con el balón que sin él. "Nuestra rutina era levantarnos temprano y pasar todo el día afuera con la pelota. Sólo regresábamos a comer, cuando había, que no era siempre", confiesa Paolo.

A Montevideo

Buscando una mejor vida, en 1994 la familia Suárez tomó sus pertenencias y se fue al sur, a Montevideo, donde Luis comenzó a estudiar la primaria. En cuanto se instalaron, sus padres empezaron a buscar un club donde Luis pudiera jugar. Lo llevaron al Urreta, de donde surgieron destacados fútbolistas como Diego Lugano. A los seis

El detalle

Tanto el abuelo como el padre de Luis fueron integrantes del ejército nacional. El papá de Luis, Rodolfo Suárez, fue jugador de fútbol en Salto, como lateral derecho.

años empezó a hacer sus primeros goles para el club.

En duro contraste con estas primeras alegrías, los siete niños de la familia Suárez pasaron tiempo después por el trauma de la separación de sus padres. La madre tuvo que hacer entonces mayores sacrificios para sacar adelante a sus hijos. Luis tenía doce años y ya estaba en la mira de los clubes uruguayos; desde entonces soñaba despierto con llegar a convertirse en un gran goleador. Su ídolo era Gabriel Batistuta, la leyenda argentina. A los once años recibió una invitación para asistir a un campo de entrenamiento juvenil en La Plata, Argentina, pero tuvo que rechazar la oferta porque no tenía dinero para comprarse unos botines.

Tal vez para superar la tristeza por la separación de sus padres, el Conejito,

La separación de sus padres fue un momento difícil en la vida de Luis y sus hermanos Diego, Maxi, Leticia, Giovana y Paolo. El fútbol vino a ser una especie de consolación en medio de una situación económica muy apurada. Para Luis y Paolo la calle—de donde han surgido tantas leyendas del balompié—fue la mejor escuela posible.

El detalle

Paolo, el hermano mayor de Luis, se nacionalizó salvadoreño para poder jugar con la Selecta, el equipo nacional de El Salvador.

como lo apodaban sus amigos, empezó a asistir a los bailes y a pasar largas horas en las casas de sus amigos, a tal grado que su madre y su hermano Paolo tuvieron que llamarle la atención. "Yo veía que era un gran jugador y me daba bronca que desperdiciara su talento", recuerda éste.

En las filas del Nacional

Luis comenzó su largo ascenso en el fútbol en los cuadros formativos del Club Nacional de Football, fundado a finales del siglo XIX y considerado uno de los mejores cuadros de América del Sur. En sus más de cien años de existencia ha ganado 43 veces el campeonato de su país.

Siendo apenas un adolescente de 14 años ingresó a las fuerzas formativas de los Tricolores donde hizo rápidos progresos gracias a su técnica, que parecía traer de nacimiento. Por la noche seguía estudiando en el liceo, donde su materia favorita eran las matemáticas. En algún momento el joven jugaba en tercera, cuarta y quinta divisiones y en las tres hacía goles.

El ultimátum

De esta etapa de su vida proviene una de las leyendas que más se ha contado sobre Luis Suárez, a quien también apodaban el Salta. Arrastrado por los cantos de las sirenas de los bailes y la vida nocturna, pero sin la suficiente madurez para poner límites, dice la leyenda que un día fue llamado por su entrenador Ricardo Perdomo a un sombrío vestidor, y furioso, zarandeándolo por el uniforme, le grita: "O empezás a entrenarte y a centrar tu vida, o te vas de aquí". A partir de ese momento, Luis comprendió que si quería hacer algo en la vida, ser parte del equipo titular, ir la selección, tendría que cambiar de actitud. No bastaba ser bueno con el balón.

¿Verdad o mentira? Sea cual fuere la respuesta, lo cierto es que la historia refleja un momento en la vida de Luis Suárez: la del adolescente talentoso en peligro de perder el camino, de ignorar la promesa; y un buen día, el compromiso con la camiseta. En sus propias palabras: "Fueron muchos problemas (…) pero me di cuenta que el fútbol era lo mío y si no me daba esa oportunidad a los 14 años, no se me iba a dar más". La recompensa tardó en llegar, pero como todas las cosas buenas, apareció en el mejor momento. A los 16 años ya era parte del equipo titular y dos años más tarde, justo al cumplir la mayoría de edad, debutó por fin con los colores del Nacional en la Copa Libertadores. El sueño había comenzado.

La aventura europea

SUÁREZ HABÍA RECHAZADO OFERTAS DE OTROS EQUIPOS PARA firmar con Nacional, y el 3 de marzo de 2005 su dedicación dio frutos cuando fue llamado a debutar profesionalmente en la Copa Libertadores. A partir de entonces, comenzó a desplegar todo su potencial futbolístico. Anotó su primer gol a nivel profesional el 10 de septiembre de 2005.

Campeón con los Tricolores

Desde su primer año con el Bolso, Luis dio destellos de grande y comenzó a llamar la atención de equipos europeos. En la temporada 2005-2006 con los Tricolores tuvo magníficas actuaciones, contribuyó con 12 anotaciones en 34 partidos para que su equipo levantara la copa de liga ese año. Con 18 años, Suárez había conseguido lo que muchos sólo sueñan: debutar en copa Libertadores, afianzarse como titular en el primer equipo y ser campeón con el Nacional.

Sofía

El balón no era su único amor. Siendo todavía un niño, Luis había conocido en Montevideo a quien sería la mujer más importante en su vida, Sofía Balbi. Se hicieron novios cuando ella tenía apenas 12 años y Luis 15, pero su historia daba ya señales de ser para largo. Luis pasaba mucho tiempo en casa de ella. El

Fachada del estadio Gran Parque Central, hogar del Club Nacional de Football.

apoyo que Sofía le daba era muy importante; ejercía una influencia positiva sobre el joven que tanto dolor llevaba dentro.

Pero también en este amor de chicos, Luis pasaría la dura prueba de la separación. Apenas unos meses después, Sofía llegó con la noticia de que sus padres emigraban a España y que no se verían más. "Cuando me vine para Barcelona", cuenta Sofía, "el día anterior no me lo voy a olvidar nunca. Nos fuimos a caminar y nos sentamos en una parada de un autobús y nos pusimos a llorar los dos, y no parábamos porque creíamos que no nos íbamos a volver a ver."

Sin embargo, Luis tenía un objetivo muy claro en mente: seguir jugando, avanzar en las filas del Nacional, llegar lejos, incluso a Europa, cerca de su novia. La ilusión de estar con ella le dio mayores ímpetus para seguir estudiando y aplicándose en la cancha. Cuando Sofía se fue a Europa, los novios mantuvieron contacto por carta con la promesa de volver a encontrarse algún día. Ninguno de los dos sospechaba que la oportunidad estaba más cerca de lo que creían.

Una visita holandesa

Un día llegaron a Montevideo unos scouts del club Groningen de Holanda para ver jugar a Elías Figueroa, del Liverpool Fútbol Club de Montevideo, con miras a su posible contratación. El fin de semana, los visitantes vieron jugar a Luis Suárez—"el mejor partido que tuve en Uruguay"—y decidieron llevárselo a él. Pareciera que ya estaba escrito que fuera el Conejito quien hiciera valijas para ir a Holanda.

Así, a los 19 años, comenzó su verdadera proyección internacional. El trato había ascendido a 800 mil euros, una verdadera ganga considerando lo que aportaría en esa temporada. "Cuando llegó la llamada de Europa no me lo pensé. Lo primero que me vino a la cabeza fue la posibilidad de estar cerca de Sofía", reconoce con una sonrisa en el rostro.

En los países bajos

Groningen es una elegante localidad estudiantil al norte de Holanda. Ahí comenzó la gran aventura europea. De entrada, las cosas no se veían fáciles. En primer lugar, había poco que uniera cultural o geográficamente a Holanda con Uruguay. Además del problema de la distancia, estaba la barrera del lenguaje y la adaptación en general a la vida del norte de Europa. En un principio, estas dificultades hicieron que el Conejito bajara de nivel; incluso fue relegado al segundo equipo del club.

Pero rendirse no era una opción. El trabajo duro y la disciplina hicieron que aquellos célebres destellos de talento comenzaran a verse en la cancha, lo cual hacía crecer tanto su ilusión como la de su club. "Siempre tuve claro que no iba a rendirme y que pronto tendría la oportunidad de demostrar mi valor", comentó.

La cita esperada

Su firme decisión de aprender holandés le ganó el aprecio de sus compañeros. Bruno Silva, otro uruguayo que había pasado por el Groningen, fue un apoyo fundamental en la adaptación. Sin embargo, la cita obligada—y largamente esperada—de Luis era en España, donde, tras un año de correspondencia, por fin encontró a Sofía, a quien también pidió ayuda.

"Era todavía un niño. No hablaba inglés ni holandés, pero cuando firmo contrato, tuve doce días libres y me fui a Barcelona, porque Sofía estaba ahí, y le digo 'Vente

Vista del puerto histórico en la ciudad holandesa de Groningen, donde Luis jugó en 2006-07.

conmigo'. El padre le dio permiso para que me ayudara para orientarme un poco, porque ella hablaba inglés."

Suárez debutó con el Groningen en el "partido milagroso", como él lo llama, contra Partizan, a donde entró de cambio faltando diez minutos para el final. Esos minutos fueron más que suficientes para que el Pistolero convirtiera dos goles y provocara un penal. Desde ese momento, Luis continuó cosechando éxitos. En su año con el Groningen marcó 11 goles en 33 partidos, hizo mancuerna con el delantero Erik Nevland y, gracias a su impecable técnica, nuevamente despertó el interés de otros clubes.

A pesar de los infaltables problemas disciplinarios—tarjetas amarillas y rojas—, tras un año con el equipo, el indomable Luis ya era una figura y su salida a un plantel más poderoso era inminente. Fue entonces que uno de los equipos con más historia en Holanda y Europa se hizo de sus servicios.

Áyax el Grande

La siguiente parada europea fue el poderoso Ajax—llamado así por el guerrero de la mitología griega—, uno de los tres clubes que dominan la liga holandesa y,

de acuerdo con los historiadores del deporte, el séptimo club europeo más exitoso del siglo XX. Hubo algunos sobresaltos en la transferencia al nuevo plantel. Primero, el Groeningen había rechazado una oferta de 3.5 millones de euros. Cuando Luis, disgustado, pensó llevar su caso a arbitraje, Ajax aumentó la oferta a 7.5 millones y se concretó el trato.

Suárez, que a la postre se convertiría en uno de los ídolos en aquella ciudad, daba así un paso gigante en su carrera de futbolista. Su valía había aumentado y se le abría un nuevo mundo de posibilidades. "Cuando miro hacia atrás y pienso en todos los amigos del barrio", reflexionó al saber la noticia, "en los campos de tierra medio estropeados, en las calles de Montevideo que me había recorrido con el balón, a uno le hace sentirse muy orgulloso".

En su primer año con el Ajax, Luis jugó 44 partidos y anotó 22 goles. En muy poco tiempo, estaba demostrándole a su club por qué la compra había sido una buena decisión.

Capitán del Ajax

La temporada 2009-2010 comenzó con un honor muy especial para el Pistolero. El nuevo entrenador, Martin Jol, impresiona-

Luis Suárez debutó con la selección nacional de Uruguay el 8 de febrero de 2007 en un partido contra Colombia, el cual la Celeste ganó con un marcador de 3 a 1. Sin embargo, la feliz ocasión se vio empañada cuando Luis fue expulsado de la cancha tras recibir dos tarjetas amarillas.

do desde las primeras dos semanas, decidió nombrarlo capitán del cuadro. Como capitán del Ajax, el uruguayo anotó 35 goles en 33 partidos jugados, ubicándose como máximo anotador no sólo dentro de su equipo, sino en todo el continente europeo en cuanto a goles por partido.

Suárez era la nueva e indiscutible estrella de Holanda. Al final de esa temporada, obtuvo el premio al mejor jugador de la liga holandesa, ganó la distinción como mejor goleador de nivel mundial según la IFFHS y reclamó el trofeo de la Bota de Oro de la competición local.

Dos finales, cuatro goles

Ese mismo año el Ajax se aseguró un lugar en la final por el título de la Copa Holanda, o Copa de Fútbol de los Países Bajos, competencia de eliminación directa que atrae mayor número de miradas. En 2010 el campeonato fue definido entre los dos máximos rivales del fútbol holandés, el Ajax y su eterno rival, el Feyenoord. El partido levantó gran polémica e incluso debieron jugarse dos encuentros, uno de ida en Ámsterdam y uno de vuelta en el estadio De Kuip en Rotterdam. Este arreglo no se daba desde 1983. Debido a la fuerte rivalidad entre ambos clubes, la seguridad era prioridad para las autoridades.

El primer partido en el Ámsterdam Arena fue de indiscutible calidad futbolística. El capitán Luis Suárez y sus compañeros maniataron a un fuerte equipo de Feyenoord doblegándolos por dos goles a

El detalle

Marco Van Basten, entrenador de Ajax, amenazó con expulsar a Luis suárez del plantel debido a su temperamento, pero los hinchas adoraban su pasión en la cancha.

cero. La vuelta, jugada el 6 de mayo, sería su momento cumbre.

Apenas cuatro minutos de iniciado el partido, Suárez recuperó el balón en medio campo y condujo hasta los linderos del área desde donde sacó un impresionante disparo cruzado para vencer al guardameta rival. Este gol tempranero, en cancha y con una afición enemiga, fue indispensable para el Ajax. Cuando el partido estaba por concluir, el capitán Suárez puso el último clavo en el ataúd del equipo local: duelo frente al portero de Feyenoord, dentro del área, y disparo cruzado para poner el cuarto y definitivo tanto en el marcador. Fue, sin duda, uno de los momentos luminosos de su carrera en ascenso.

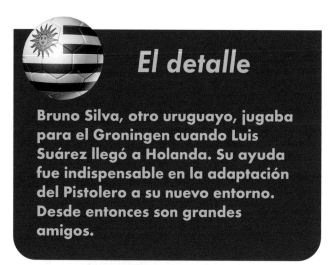

El detalle

Bruno Silva, otro uruguayo, jugaba para el Groningen cuando Luis Suárez llegó a Holanda. Su ayuda fue indispensable en la adaptación del Pistolero a su nuevo entorno. Desde entonces son grandes amigos.

Capítulo 3

Luis celebra su primer gol durante un partido del Grupo A contra México, en la Copa del Mundo, en el estadio Royal Bafokeng en Sudáfrica, 22 de junio de 2010.

Sudáfrica 2010

EL FÚTBOL ES EL DEPORTE MÁS POPULAR EN URUGUAY. Y CON razón. La primera Copa del Mundo se llevó a cabo en Montevideo, en 1930, casi a la par de las celebraciones del centenario de la independencia. En dos ocasiones los Charrúas se han coronado campeones del mundo con su fútbol brillante. Nadie ha ganado más veces la Copa América.

Por eso, cada cuatro años, la cercanía de un Mundial despierta emoción, euforia y sobre todo ilusiones; el anhelo de volver a ser, una vez más, campeones del mundo. Hasta verano de 2010, la historia reciente de la Celeste no había dado muchos motivos para la celebración. Con la excepción del Mundial Corea-Japón, tenía veinte años sin asistir a la cita. Pero ahora, con una nueva generación de estrellas internacionales, como Diego Forlán, Sebastián Abreu, Maxi Pereira y por supuesto Luis Suárez, las esperanzas de la nación estaban al tope. En las calles de todo el país se respiraba confianza.

Complicado inicio

Tras su brillante actuación en Holanda, Luis Suárez tenía un lugar asegurado en la convocatoria de Washington Tabárez, técnico de la selección, para ir a Sudáfrica. Con Diego Forlán y Edinson Cavani, formaría una tercia goleadora de miedo, una terna que daría mucho de qué hablar en el mes de la competencia.

Washington "El Maestro" Tabárez es considerado uno de los mejores estrategas en los tiempos modernos y ampliamente respetado en la fraternidad del fútbol.

La llegada al Mundial no fue nada sencilla. El equipo de Tabárez terminó la eliminatoria en quinto lugar y tendría que jugar el repechaje contra el combinado de Costa Rica. A lo largo de la eliminatoria, Luis pasó momentos difíciles. Las críticas le llovían de la prensa y se le comparaba injustamente con el máximo estandarte de la selección, Diego Forlán. A pesar de los ataques y los malos resultados, tanto Suárez como Tabárez resistieron y lograron llegar a tropezones al Mundial.

En cierta medida, el sorteo les favoreció: se enfrentarían a dos rivales de no mucho prestigio internacional, México y el anfitrión Sudáfrica, pero el último y cuarto equipo en el grupo era la poderosa Francia, subcampeona del mundo. Después del sorteo los uruguayos se dieron cuenta de que podían tener una buena participación, sin imaginar que la vida iba a sonreírles como hacía mucho tiempo no lo hacía.

"Celeste soy yo"

El mundial no comenzó de la mejor manera para Luis. Uruguay se midió contra Francia en su primer partido y los nervios estaban al tope. Con un empate a cero, no fue el mejor encuentro para ninguna de las dos selecciones. Sin embargo, los Charrúas comenzarían ese día uno de los viajes más dulces de la historia uruguaya, en lo que a fútbol se refiere.

Para el segundo partido, la selección dejó el nervio en el hotel y se enfrentó al anfitrión Sudáfrica. Fue un encuentro de vida o muerte para los alumnos de Tabárez en el que no Luis, sino Diego Forlán, salió en hombros. Aun cuando Forlán fue el que se llevó las palmas en aquel partido, Luis fue parte fundamental. Provocó el penal para el segundo gol y dio la asistencia para la ter-

A pesar de contar con menos de 4 millones de habitantes, Uruguay tiene una de las selecciones de fútbol más exitosas del mundo. Se ha coronado en 20 competencias oficiales reconocidas por la FIFA, entre ellas dos Mundiales, dos Juegos Olímpicos, 15 ediciones de la Copa América, el Mundialito y una Copa de Oro.

cera y definitiva anotación del encuentro.

El último partido de la fase de grupos, contra México, fue perfecto para Luis. Comenzó nervioso, pero había en él algo diferente. Intentaba por la izquierda, por la derecha, jugaba para el equipo y encaraba cuando era necesario. Al minuto 43 recibió su recompensa. Un centro perfecto de Cavani lo dejó con la clara oportunidad de poner el uno a cero. El Pistolero no perdonó y Uruguay ganó su pase a cuartos de final.

Cuartos de final

La siguiente fase en el Mundial les presentó a los surcoreanos como rivales, un equipo mucho más complicado en el campo que en el papel. Un gol tempranero del Pistolero dio la ventaja a los Charrúas, que por momentos parecían distraídos, lo cual capitalizaron los asiáticos al minuto 68. Al partido le quedaba poco para el final y Uruguay atacaba con todo. Corea se defendía como podía. Fue ahí cuando la genialidad de Luis apareció por tercera vez. Tomó el balón dentro del área grande, hizo un recorte hacia el centro y con la parte interna del botín derecho definió a segundo poste con una trayectoria imposible, haciendo uno de los goles más bonitos del Mundial.

"No lo podía creer", comentó tras ese partido. "No me daba cuenta de que la pelota iba a entrar. Lo único que quiero ahora es disfrutar". Para Suárez, todo parecía estar siguiendo un maravilloso guión previamente escrito: había goles,

Se espera que Luis ayude a la superestrella Diego Forlán a hacer triunfar a la Celeste en la próxima Copa del Mundo.

asistencias y reconocimiento unánime a su destreza. Era el Mundial perfecto. Sin embargo, como todo en la vida de este jugador, la controversia y el drama también reclamaban su lugar.

Una nación en vilo

Por lo pronto, en Uruguay la fiebre mundialista se había adueñado de la vida nacional. Todo el mundo recordaba glorias pasadas de la Celeste y las estrellas parecían alinearse a su favor. El mismo gobierno había apoyado la costumbre de

El detalle

Luis se casó con Sofía, su novia de la niñez, en Ámsterdam y Montevideo. La luna de miel fue en las islas Bora-Bora de la Polinesia Francesa.

los Soccer´s Fridays. "Los viernes, los empleados de empresas privadas y públicas podían ir a trabajar con la camiseta de su selección", escribe el periodista Alejandro Figueredo. "Las calles estaban embanderadas, los autos lucían todo tipo de accesorios patrios y de lo único que se hablaba era de fútbol".

Para tierras sudafricanas, el chef de la escuadra celeste había empacado todo aquello que los jugadores querrían y que sería imposible encontrar en aquel continente: dulce de membrillo, dulce de batata y dulce de leche, además de 180 kilos de yerba. Había que consentir a los chicos para los cuartos de final. Por fin, el 2 de julio Uruguay se enfrentó a Ghana por el pase a la semifinal. Todo el país esperaba un encuentro simple, de trámite, y ya soñaba con la siguiente fase.

El mejor partido del Mundial

El juego contra Ghana estaba pintado para que Uruguay pasara sin problemas, pero los últimos representantes de África tenían otros planes. Estaban dispuestos a calificar o morir en el intento. El tiempo regular terminó con un empate a uno y el partido se

fue a tiempo extra, minutos donde Luis Suárez haría una de las jugadas más recordadas y polémicas.

Fue, para muchos, el mejor partido de la Copa, cuando menos por el nivel de drama y acción. Corría el último minuto del segundo tiempo extra, el empate seguía y todo parecía que los equipos tendrían que irse a penales. Ghana tenía la última en un tiro libre. La tensión subió al máximo. Tras una serie de cabezazos, el balón quedó en el aire y la portería vacía. Ghana no perdonó, pero Luis, desesperado de ver el derrumbe de las esperanzas de Uruguay, cortó el disparo con las manos. Fue expulsado, pero esa acción permitió a la Celeste—por un cruel giro del destino para los africanos—continuar a la ronda semifinal. Áfríca, dijeron algunos, había sido despojada del triunfo por un jugador que había confundido el fútbol por el voleibol.

En la rueda de prensa después del partido, siempre controvertido, Luis Suárez hizo de las suyas, "Para mí fue la parada del Mundial", retó. "Vale la pena ser expulsado de esta manera. Sufrimos hasta lo último,

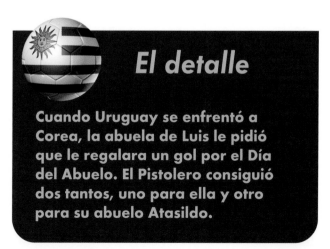

El detalle

Cuando Uruguay se enfrentó a Corea, la abuela de Luis le pidió que le regalara un gol por el Día del Abuelo. El Pistolero consiguió dos tantos, uno para ella y otro para su abuelo Atasildo.

La Celeste celebra un lanzamiento errado de Ghana en la Copa del Mundo.

pero la mano de Dios la tengo yo ahora", remató haciendo referancia a la famosa mano de Maradona en el Mundial de 1986.

Entre los cuatro mejores del mundo

Tal vez no había sido la mejor manera de terminar aquel partido, pero los uruguayos mostraron al mundo que estaban dispuestos a hacer cualquier cosa para lograr el siguiente objetivo: derrotar a Holanda—el alma mater de Luis—y llegar a la gran final. El partido fue de gran intensidad pero las probabilidades se impusieron: la Naranja Mecánica venció 3-2 a la heroica selección Charrúa.

En el partido que nadie quiere jugar, el que define al tercer y cuarto lugar, Alemania y Uruguay se enfrentaron el 10 de julio de 2010. Tras la expulsión, Luis estuvo nuevamente en la cancha; sin embargo no fue suficiente. Alemania venció en un muy buen encuentro al cuadro celeste por marcador de 3-2. Con un honrosísimo cuarto lugar, la selección volvió a casa con gran orgullo. Había logrado el puesto más alto en un Mundial en los últimos 40 años.

Luis aprendió mucho durante sus cuatro años con el AFC Ajax. En 2009-10 fue nombrado el Jugador Holandés del Año.

Luz y oscuridad

TERMINADO EL MUNDIAL, LUIS SUÁREZ REGRESÓ A HOLANDA PARA comenzar la temporada con el Ajax y tratar de añadir un nuevo título a su galería de trofeos. Pero antes de poder concentrarse en el fútbol, llamó a la puerta de su casa la que él describe como la más bella experiencia de su vida.

Luis se había casado con su novia, Sofía Balbi, en marzo de 2009; en Ámsterdam por lo civil y en diciembre por la iglesia, en Montevideo. Un año y medio más tarde, en agosto de 2010, Sofía daba a luz a una niña, de nombre Delfina. Como mensajero de buenas noticias, la heredera llegaba en un momento inmejorable en la vida de su joven papá: Luis acababa de jugar un espectacular Mundial, había terminado la temporada con más de 45 goles y recién se había convertido en campeón de la copa en Holanda. Como buen padre, Suárez se encargó desde entonces de dar a su hija todo lo que ella necesitaba; lo único que, entre risas, pedía a cambio, es que la nena no se hiciera hincha del Peñarol, el acérrimo rival del Nacional.

De conejito a... ¿caníbal?

Al finalizar aquel verano de 2010 los hinchas y el propio Luis pensaban que emigraría a España, en específico al Barcelona. Su traspaso no se pudo

Luis y Sofía celebran con su hija Sofía durante un partido del Ajax, en el período de suspensión de Luis.

realizar debido a diferencias entre las partes y Suárez tendría que esperar un año más con el Ajax. La inmovilidad afectó anímicamente al uruguayo, que junto con su equipo cayó en un bache de juego. La desesperación llegó a la grada y a la cancha y Luis Suárez fue blanco de la prensa.

Fue entonces que tuvo lugar la primera de varias polémicas. El escenario fue un partido de liga entre el Ajax y el odiado rival PSV Eindhoven. El encuentro estaba muy caliente, los dos equipos repartían patadas y al árbitro se le fue de las manos. En medio de una trifulca, Luis perdió los estribos, se acercó al jugador holandés Otman Bakkal y lo mordió en el cuello…

Varios jugadores de fútbol, entre ellos Sebastián Abreu, Diego Lugano, Diego Pérez y Álvaro González, asistieron a la boda de Luis y Sofía en Montevideo. La pareja se conoció en 2002 y su historia bien podría ser material de una película. En la ceremonia, los familiares de los novios los sorprendieron proyectando un video con fotografías de la pareja cuando eran adolescentes.

cosa que el árbitro no pudo apreciar, pero sí las cámaras del estadio.

Las imágenes dieron la vuelta al mundo. ¿Cómo era posible que un jugador profesional, con su trayectoria y altura futbolística, hiciera algo así? Peor aún, que el árbitro lo dejara seguir jugando. Al final fue sólo eso, una calentura dentro del terreno de juego. Días después del incidente, el Ajax lo sancionó con dos partidos de suspensión. Sin embargo, la comisión disciplinaria de la Eredivisie suspendió al Pistolero por siete partidos. La prensa, que lo bautizó como "el caníbal de Ajax", fue implacable. Luis declaró estar inmensamente avergonzado y apenado por la mordida. "Me siento muy mal por el mordisco. Lo peor (…) es hacer daño a otra persona y he pedido disculpas por lo ocurrido en Holanda. Es algo de lo que me arrepiento, pero queda en el pasado". No sería el primero ni el último dolor de cabeza que el temperamento de Luis causaría a su club. Tras el incidente de la mordida, muchos vaticinaron el final de su carrera en los Países Bajos. Por suerte, sus goles eran indiscutibles y no escaseaba el interés en otros clubes europeos.

Adiós a la escuela holandesa

El 28 de enero de 2011 llegó a Holanda una oferta que decidió el futuro de Suárez. El club inglés Liverpool estaba dispuesto a desembolsar más de 25 millones de euros por el Pistolero, cantidad que el Ajax no pudo rechazar. La salida del capitán del equipo no llegaba en el mejor momento,

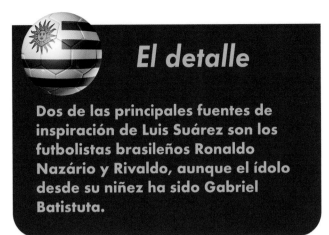

El detalle

Dos de las principales fuentes de inspiración de Luis Suárez son los futbolistas brasileños Ronaldo Nazário y Rivaldo, aunque el ídolo desde su niñez ha sido Gabriel Batistuta.

pero sus compañeros se aseguraron de que el ahora ex capitán tuviera un merecido reconocimiento.

La emotiva despedida tuvo lugar en el estadio Ámsterdam Arena. Terminado el encuentro, Luis dirigió unas palabras al público y en seguida fuegos artificiales llenaron el cielo de luz multicolor. Así terminaba un valioso aprendizaje de cuatro años. Suárez había llegado en la temporada 2007 y permanecido con el Ajax hasta 2011. En esas cuatro temporadas anotó 111 goles, una hazaña lograda por muy pocos.

Viaje mágico y misterioso

Suárez llegó a un equipo de Liverpool en decadencia que depositaba en él grandes esperanzas. La presión sería fenomenal para el Pistolero. Al momento de su contratación, se trataba del jugador más caro en la historia del club. Pidió que se le diera la camiseta número 7, dorsal legendario en la institución debido a los magníficos jugadores que lo han llevado, como Kenny Dalglish y Kevin Keegan.

Su primer partido como Red, el 2 de

El entrenador del Liverpool, Kenny Dalglish, presenta a Luis y a otro nuevo fichaje, Andy Carroll, el 3 de febrero de 2011. Cuando tenía diez años, Luis jugaba como Liverpool en su PlayStation. Hoy su página de Facebook tiene casi un millón y medio de seguidores.

febrero de 2011, fue un debut soñado, en casa contra el Stoke City. Con pocos minutos en cancha, anotó su primer gol en Inglaterra y el primero en Anfield Road para llevar a su equipo a una victoria de dos goles a cero. Era el inicio ideal que encendía las esperanzas de los aficionados. Suárez sin embargo llegaba en un momento difícil para el conjunto: el Liverpool marchaba doceavo en la liga y se encontraba lejos de clasificar a torneos en Europa. Luis tendría solamente seis meses para dar la vuelta a la situación.

El Pistolero continuó con grandes actuaciones y contribuyó para que los Reds llegaran a la sexta posición. En trece partidos, marcó cuatro goles y dio cinco asistencias para terminar la primera temporada en Inglaterra como uno de los mejores fichajes de invierno.

Mientras tanto en Holanda, el Ajax terminaba como campeón el año de la partida de Suárez. En una demostración de gran nobleza, invitó a Luis a la celebración. En sus cuatro temporadas defendiendo la camiseta de Ajax, Suárez nunca había sido campeón de la liga, y ya que había jugado con ellos la mitad de la temporada, se le otorgó una medalla en conmemoración a lo que aportó en la primera mitad de la campaña. Luis terminó la temporada 2010/2011 con 16 goles, de los cuales 12 fueron para el Ajax, lo cual puso a sus dos clubes en el camino del triunfo.

La Copa América

Terminada la temporada de clubes, Uruguay y Luis Suárez tuvieron la oportunidad de asistir a su siguiente gran competencia, la Copa América 2011. Tras su destacada participación en el mundial, la Celeste llegó como seria candidata al título. Luis opinaba que lo mejor que le podía pasar a su selección era llegar como simple invitada y en la cancha demostrar su carácter. Pero la realidad era que, por doquier, todos colocaban a Uruguay como el gran favorito.

En la semifinal Luis conquistó la admiración y el reconocimiento de la crítica. Contra Perú consiguió dos goles que pusieron a la Celeste en la final, aspirando a su decimoquinto título americano.

En la cima del mundo

El partido final fue estrepitoso. El equipo nacional de Uruguay comenzó de manera inmejorable con un gol tempranero, a los once minutos de juego. El gol no podía ser de alguien más: Luis recibió un balón dentro del área y con un recorte dejó plantado al defensor guaraní; un remate de pierna izquierda inmovilizó al arquero rival y la pelota entró pegando en el poste antes de culminar su viaje a la red.

Con la tranquilidad que le dio ese primer gol, la Celeste se coronó campeona de la Copa América y Luis recibió el reconocimiento al mejor jugador de la competencia, por encima de otros como Messi y el mismo Diego Forlán. Fue además el segundo mejor goleador del torneo y el mejor de su equipo.

Luis recibe el premio al jugador más valioso de la Copa América 2011.

Esperanza uruguaya

LUIS SUÁREZ COMENZÓ LA TEMPORADA 2011-2012 CON Liverpool con más goles, ganándose su lugar a pulso. Ayudó a los Reds a vencer al Arsenal en Londres por primera vez en más de una década. Anotó contra el Everton en el clásico de Liverpool y contra el Manchester United en la rivalidad más añeja del fútbol inglés.

Para poner la cereza en el pastel, el primero de noviembre fue nombrado finalista para ganar el Balón de Oro que entrega la FIFA. No obstante, la polémica siguió de cerca a este gran jugador. El 7 de diciembre del 2011 fue acusado de conducta antideportiva, por lo que se abrió un expediente en su contra. Dos días antes, el 5 de diciembre, Suárez había hecho un gesto obsceno hacia las gradas. La Federación Inglesa de Fútbol (FA) lo castigó argumentando que la falta de respeto hacia el aficiona-do es un completa ruptura al código moral del fútbol inglés y que eso no podía dejarse de lado. Luis aceptó su error y días después se conoció su castigo: un partido de suspensión.

Más acusaciones

El 20 de diciembre recibió una nueva sanción por otro incidente, esta vez de mayor gravedad, ocurrido en un partido de liga el 15 de octubre. El Pistolero habría ofendido a Patrice Evra, jugador del Manchester United, llamándolo

"negro" en ocho ocasiones, por lo que fue acusado de racismo. Esta vez el castigo fue la suspensión por ocho partidos y 40 mil libras.

En un documento de 115 páginas, la FA establecía que Suárez había "perjudicado la imagen del fútbol inglés en todo el mundo". En el acta se decía que Luis había dicho a Evra: "I don't speak to blacks" (yo no hablo con negros) y "because you're black" (porque eres negro), refiriéndose a una patada que propinó al galo.

Luego de, en cierto sentido, las torpes justificaciones de Luis, el Pistolero recibió la sanción y no pudo continuar la temporada como él hubiera querido. En conjunto, en los dos años anteriores había perdido 16 partidos por suspensión, cifra excesiva para un futbolista de élite de nivel internacional, lo cual podría —y puede— acabar con la carrera de cualquier jugador. Por suerte, el talento y la contundencia de Luis en la portería han tenido más peso ... hasta ahora.

El niño malo del fútbol

Tras la penosa acusación de haber hecho comentarios racistas —que mucho desviaron la atención de lo que realmente importa, su capacidad futbolística— mucho se habló de que Luis saldría del fútbol inglés. En su opinión, la FA ya lo tenía fichado y buscaría cualquier pretexto para perjudicar su carrera y, de paso, a su club. De inmediato se le vinculó con grandes equipos de talla mundial como el Barcelona y el Real Madrid, lo que sin duda es un indicativo de su enorme talento. Su capacidad técnica y su contundencia dentro del área lo hacen uno de los delanteros más letales del mundo. Con un adecuado proceso de madurez, Suárez podría ser en el futuro uno de los mejores jugadores del planeta. Hoy, recién cumplidos 25 años de edad, ya deleita a un repleto estadio de Anfield que se rinde a sus pies cada vez que pisa la cancha.

Siempre en el centro de la controversia, este "niño malo" del fútbol se las arregla para que su mal comportamiento y sus goles sean la comidilla de los diarios deportivos. Pero también se da tiempo para hacer labor humanitaria, apoyando, por ejemplo, al organismo "Tomando Conciencia", en su lucha contra la discriminación, y a la fundación Richard Allen de Sudáfrica. "Me preocupa la desigualdad social", ha comentado esta promesa uruguaya que pasó momentos tan difíciles cuando niño. "Y el fútbol tiene este enorme potencial de unir a las personas, sin diferencia de color de piel, religión o condición social".

Días difíciles

De temperamento explosivo e inestable, en

dos ocasiones Luis Suárez ha estado a punto de dejar el fútbol. Su mala conducta en el terreno de juego es bien conocida; desde propinar una mordida a otro jugador, hacer señas irreverentes a la tribuna o detener un claro gol con la mano, difícilmente Luis es ejemplo de buena conducta para quienes vienen detrás de él, y lo reconoce. "Quiero aprender a ser más tranquilo en el campo. Todavía soy joven y he cometido errores, pero es sólo porque quiero ganar".

Esta falta de disciplina, como en cualquier persona, pueden ser una amenaza para una carrera que se perfila brillante. Por otro lado, se trata de uno de los goleadores más efectivos de Europa y, por ende, del mundo. No en balde, ha estado en la mira de otros clubs como el Arseal, Chelsea, Milán, Juventus y el Real Madrid.

Respecto a su querida Celeste, con toda seguridad será invitado al Mundial de Brasil en 2014. Entonces tratará de revalidar o mejorar el cuarto puesto que la selección uruguaya conquistó en Sudáfrica. Comenzadas las eliminatorias, con sus goles y buen juego, los Charrúas se están ganando su boleto para la próxima Copa del Mundo.

Otra vez el Pistolero

El pasado mes de noviembre de 2011, en las eliminatorias para Brasil 2014, el Pistolero vivió el que quizá sea su mejor partido con la selección uruguaya: anotó cuatro goles a Chile, todos espectaculares, y con ello se convirtió en el primer jugador

en lograr esa hazaña desde Romario. "Me acabo de enterar", dijo, "que nadie había hecho cuatro goles en una eliminatoria. Lo valoro mucho y sé que para la hinchada fue color de rosa".

Tras los tragos amargos en Inglaterra, las amenazas de las autoridades del fútbol europeo y un desastroso deterioro en sus relaciones públicas, Luis Alberto Suárez, aquel joven de Salto que había salido de Uruguay apenas cumpliendo la mayoría de edad, dejó la cancha ovacionado por un público que, en éxtasis, coreaba su nombre. Oscar Tabárez, el entrenador, no ocultó su admiración; reconoció que Luis estaba pasando por un gran momento.

"Te dan ganas de llorar y se te revuelve un poco el estómago", comentó tras ese juego donde pudo constatar el apoyo de su gente en circunstancias difíciles. "Uno de niño siempre fue hincha de la selección y sufrió mucho. Hoy, que todo el estadio coreara mi nombre, me emocionó mucho porque me acordé de esos momentos duros". Al final no quiso reconocer que hoy por hoy es uno de los mejores jugadores del mundo. "Yo trato de hacer lo mejor, sea para mi equipo o sea para la selección. Soy uno más y valoro el esfuerzo de todos".

El detalle

Luis Suárez tiene un valor de mercado calculado en 35 millones de euros.

BIBLIOGRAFÍA

Bueno, José Antonio. *Historial del futbol*. España: Editorial Edaf, 2010.

Figueredo, Alejandro. *Yo estuve ahí*. Uruguay: Editorial Aguilar, 2010.

Groba, César. *Los señores del arco*. Uruguay: Groba Ediciones, 2003.

Lissardy, Ana Laura. *Vamos que vamos, un equipo, un país*. Uruguay: Editorial Aguilar, 2011.

Reyes, Andrés. *Historia del Nacional*. Uruguay: Editorial Aguilar, 2008.

Singer, Marcelo. *Más cerca del cielo*. Uruguay: Editorial Zona, 2010.

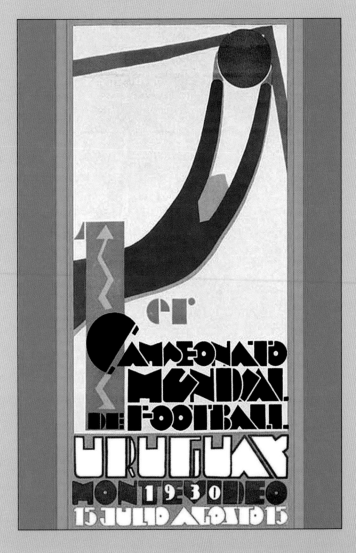

Cartel de la Copa del Mundo 1930 que se celebró en Montevideo y ganó la Celeste. Los uruguayos tienen la esperanza de que un día las estrellas jóvenes como Luis Suárez puedan ganar la Copa.

RECURSOS de INTERNET

www.luissuarez.co.uk

Sitio oficial de Luis Suárez, jugador del Liverpool. Contiene historia del jugador, entrevistas, galería fotográfica, notas de prensa, videos y una breve descripción de las iniciativas sociales de Luis con ONGs. Se puede consultar en inglés y español. Administrada por Madia Base Sports, representantes de Luis Suárez, con sede en España.

www.fifa.com

Sitio oficial de la FIFA, donde se puede consultar información sobre jugadores, clasificaciones de las selecciones nacionales, información sobre campeonatos, reconocimientos que otorga la FIFA y las últimas noticias sobre futbol. Contiene una amplia sección histórica y la posibilidad de consultar el sitio en cinco idiomas, entre ellos el español.

www.liverpoolfc.tv

Sitio oficial del equipo de futbol Liverpool de Inglaterra. Incluye los perfiles de sus jugadores, historia del plantel, calendarios, resultados e información sobre futuros encuentros. La tienda en línea ofrece la posibilidad de comprar mercancía oficial del equipo y entradas a los partidos.

www.futbol.com.uy

Portal de noticias, información y comentarios del futbol uruguayo. Incluye información sobre equipos nacionales, resultados del campeonato uruguayo y videos de las principales jugadas. Sección de curiosidades deportivas sobre futbol y otros deportes. Recomendaciones de libros.

es.wikipedia.org/wiki/Luis_Alberto_Suárez

Entrada de Wikipedia, la enciclopedia libre, sobre el jugador uruguayo. Consiste de trayectoria, vida personal, participación en clubes y selección nacional, estadísticas y útiles enlaces externos a otro material sobre Luis Suárez.

ÍNDICE